ÓBVIO ADAMS

ROBERT R. UPDEGRAFF

ÓBVIO ADAMS

Tradução
MIRIAN PAGLIA COSTA

Título original em inglês:
OBVIOUS ADAMS

1995 © The Updegraff Press
ISBN 0-9613203-0-3 (USA)

1996 © Cultura Editores Associados
2012 © Editora de Cultura
ISBN 978-85-293-0032-7

Publicado mediante contrato com The Updegraff Press.
Todos os direitos reservados.Nenhuma parte deste livro
poderá ser reproduzida, sob qualquer forma, sem prévia
autorização da editora.

EDITORA DE CULTURA
Rua Baceúnas, 180
03127-060 – São Paulo – SP
Fone: (55 11) 2894-5100
atendimento@editoradecultura.com.br
www.editoradecultura.com.br

Primeira edição: Novembro de 1996
Segunda edição: Dezembro de 2012
Impressão: 13ª   12ª   11ª   10ª   9ª
Ano: 25   24   23   22   21

Dados Internacionais de Catalogação na Publicação (CIP)
(Câmara Brasileira do Livro, SP, Brasil)
(Elaboração: Aglaé de Lima Fierli, CRB-9/412)

U56o   Updegraff, Robert R., 1889-1977.
    Óbvio Adams / Robert R. Updegraff ; tradução de Mirian
Paglia Costa. -- 2. ed. – São Paulo: Editora de Cultura, 2012.
96p. ; 10x16cm.

Título original em inglês: *Obvious Adams*
ISBN: 978-85-293-0032-7

1. Publicidade. 2. Administração. 3. Adams, Oliver B. I.
Título. II. Costa, Mirian Paglia, trad.

CDD – 659.1

ÍNDICE PARA CATÁLOGO SISTEMÁTICO
Publicidade	659.1
Publicidade : Oliver B. Adams	659.1092
Propaganda – História	659.109
Administração	658
Marketing	658.8

Tudo o que aprendemos na Era Industrial tendeu a criar mais e mais complicação. No contexto da Revolução Industrial, a complicação tem algum valor. No contexto da Era Digital, não tem valor nenhum. Hoje, um número cada vez maior de pessoas está aprendendo que é preciso simplificar, e não complicar. A simplicidade é o máximo da sofisticação.

John Sculley

SUMÁRIO

Apresentação
Introdução

Parte I
ÓBVIO ADAMS
História de um empresário de sucesso

Parte II
COMO DETECTAR O ÓBVIO
Cinco princípios para testar a obviedade do óbvio
Cinco perguntas para achar as respostas óbvias

Sobre o autor

APRESENTAÇÃO

Atento ao ambiente econômico de seu país no início do século 20, quando eram lançados os fundamentos das corporações e as bases da formação dos executivos, Robert R. Updegraff soube captar com rara sensibilidade os problemas comuns ao meio empresarial em termos de princípios e métodos de trabalho. Sua resposta a esses desafios veio inicialmente em forma ficcional: um conto que narrava a história de um personagem cujo talento era resolver problemas indo direto ao ponto, com um mínimo de teoria e o máximo de objetividade.

Óbvio Adams fez tamanho sucesso que ultrapassou todas as previsões. Das páginas da mídia periódica, onde apareceu originalmente, ganhou o formato de livro, suscitou acréscimos em seguidas edições, virou leitura obrigatória – sobretudo para o pessoal de marketing e publicidade – e tornou-se um clássico. Como personagem, Oliver "*Óbvio*" Adams configurou e ainda configura as virtudes desejáveis do profissional diferenciado num mercado altamente competitivo.

Como um clássico da literatura empresarial, evidencia em germe as características que se tornariam marcantes nas obras modernas destinadas ao setor de administração e negócios: a história empresarial vivida e as ferramentas aplicáveis aos problemas do cotidiano. Com esta tradução, o leitor brasileiro ganha acesso a uma obra pioneira – e a um trabalho que ainda é atualíssimo no âmbito da economia global e da sociedade informatizada.

A capacidade de descobrir o óbvio, de ir direto ao ponto, é pré-requisito de sucesso real quando quase tudo pode ser visto, previsto e experimentado em ambiente virtual. O diferencial está no olho de quem vê e tem o dom de transformar informação em ferramenta para o sucesso.

Mirian Paglia Costa
São Paulo, 1996-2012

INTRODUÇÃO

No início, era um conto.

Como tal, *Óbvio Adams* foi publicado pela revista semanal *The Saturday Evening Post* em abril de 1916. Embora narrasse a história de um publicitário, sua ideia central foi de pronto reconhecida como ferramenta básica para o sucesso no mundo dos negócios e das profissões liberais. Ato contínuo, a editora Harper & Brothers lançou o texto em forma de livro em setembro do mesmo ano.

Foi um instantâneo sucesso de vendas. A resenha publicada sobre a obra pelo jornal *The New York Times* dizia: "Todo jovem que está tentando a sorte no ramo da publicidade deveria adotar *Óbvio Adams* como guia. Na verdade, qualquer jovem tentando a sorte em qualquer campo deveria se valer do bom senso e da argúcia evidenciados neste pequeno volume".

Óbvio Adams logo se tornou um personagem lendário. Era citado em seminários sobre administração e negócios, assim como em reuniões de diretoria. Presidentes de empresas escreveram ao autor para saber se o herói da história era tirado da vida real, porque, se fosse, queriam contratá-lo.

Sua capacidade de ir direto ao ponto influenciou o pensamento de importantes líderes empresariais da época, como Elbert H. Gary, da US Steel, que leu o livro e escreveu ao autor uma carta elogiosa.

Isso aconteceu há quase um século. Nas décadas seguintes, duas outras editoras publicaram *Óbvio Adams*, que ganhou foros de clássico da literatura de negócios e se transformou em texto de presença obrigatória em antologias e manuais de administração.

Durante anos, novas edições do livro foram impressas, esgotando-se continuamente. Tal demanda vinha de um público bastante particular, com motivação específica: líderes empresariais desejosos de plantar a ideia de uma administração simples e objetiva na mente de seus executivos mais jovens e do pessoal de criação.

A partir de experiências posteriores à publicação, o autor acrescentou ao texto original algumas diretrizes práticas, com o objetivo de auxiliar o leitor a identificar e utilizar o óbvio como forma de atingir o sucesso em sua vida pessoal e profissional.

Em 1953, quando meu pai, Robert R. Updegraff, lançou a primeira "edição popular" de *Óbvio Adams*, escreveu: "Seu argumento pode parecer antiquado e até ingênuo para o leitor de hoje. No entanto, existe no livro um conceito básico, universal e intemporal, que ultrapassa as fronteiras da parábola ou da crônica".

Era um livrinho em formato de cartilha, que saiu com o selo The Updegraff Press, uma editora que ele fundou para fazer circular sua produção passada e futura, já que pretendia se aposentar ao completar 70 anos, em 1959, e continuar a escrever.

Porém, o projeto da aposentadoria logo se mostrou inviável: os clientes com os quais ele trabalhava como consultor continuaram a solicitar seus serviços, não lhe dando tempo para fazer livros. Com isso, os direitos de seus títulos foram cedidos a outra editora, a Executive Development Press, que continuou a publicá-los até 1974.

Meu pai recuperou os direitos, mas não voltou a editar seus livros por conta própria. Quando morreu, em 1977, coube-me a tarefa de organizar seus papéis e desmontar seu escritório. Ao manusear sua correspondência, percebi que *Óbvio Adams* ainda despertava interesse. O que eu não sabia era o tamanho desse interesse.

Em 1980, o número de cartas solicitando informações sobre o livro era tão grande que justificava uma nova edição. Foi o que fiz. A imprensa se interessou pelo relançamento e, com isso, a tiragem no ano foi superior a 5 mil exemplares. A demanda parecia dividir-se entre leitores satisfeitos por encontrar o título de novo nas livrarias e os que ficaram fascinados ao descobri-lo. E a história não acaba aqui. A partir de então, o livro passou a ter venda média de 1.500 exemplares por ano nos Estados Unidos, continuando também sua carreira internacional.

Estou certo de que meu pai ficaria muito contente ao ver a presente edição de *Óbvio Adams* circulando em português no Brasil. Também eu estou contente pelo fato de Mirian Paglia Costa, diretora da Editora de Cultura, ter abraçado este projeto. Trabalhar com ela foi para mim uma experiência muito gratificante.

Norman C. Updegraff
Especial para a edição brasileira
Louisville, Kentucky, 1996

Parte I
ÓBVIO ADAMS

História de um
empresário de sucesso

Restaurante Tip Top em Chicago, Sala Dickens. Junto à janela, um homem sentado sozinho. Aparentemente, havia acabado de jantar e esperava que o café fosse servido.

Dois homens entram e são conduzidos a uma mesa próxima. Um deles olha de relance para o sujeito diante da janela.

– Está vendo aquele lá? – cochicha com o companheiro.

– Estou – diz o amigo, olhando distraidamente para a direção indicada.

– Aquele é o Óbvio Adams.

– Não diga! – responde o outro, entortando-se todo na cadeira para olhar melhor o sujeito que é assunto em todas as rodas de publicitários. – Um tipo bem comum, não acha?

– É. Quem o vê assim não diz que é o famoso Óbvio Adams, da maior agência de propaganda de Nova York. Para falar a verdade, não entendo por que é tão endeusado... Já estive em duas ou três palestras dele nos seminários do Clube de Propaganda. Não acrescentou nada ao que eu já sabia. Apesar disso, impressionou muita gente. Confesso que, para mim, foi uma decepção.

Engraçado. Para quem não conhece Oliver Adams, essa é a primeira impressão que ele passa. E, no entanto, o sujeito é considerado fator decisivo para o sucesso de muitas empresas importantes. Mais decisivo talvez do que qualquer outra pessoa.

No exato momento em que aqueles dois falavam dele no restaurante, Adams estava prestes a criar mais um capítulo na história da propaganda. Tendo virado o cardápio de trás para a frente, traçava linhas e fazia anotações na contracapa.

Se alguém parasse atrás dele e desse uma espiada no resultado dos rabiscos, não veria nenhum sentido naquilo. Mas Adams parecia satisfeito, porque balançou a cabeça em sinal de aprovação e enfiou o cardápio no bolso do paletó enquanto o garçom corria, todo obsequioso, para ajudá-lo a vestir o sobretudo.

Meia hora depois, o telefone tocou na biblioteca de uma mansão em certa cidade do estado de Iowa. E tocou de novo antes que o homem, recostado a uma enorme poltrona de couro diante da lareira, pegasse o fone e atendesse à chamada.

– Alô – disse com voz ríspida, parecendo irritado pela intromissão. – Alô, alô. Ah!, é você, Adams. Não esperava seu telefonema tão cedo. Onde está? Em Chicago? Já tem um plano? Já? Olhe, eu fiquei sentado aqui, pensando... Mastiguei uns três charutos enquanto imaginava o que fazer...

Silêncio total na suntuosa biblioteca da mansão. Então, veio uma série de grunhidos de aprovação.

– Captei a ideia. É. Acho que vai funcionar. Acho não: tenho certeza. Sensacional! Matou a charada. Bom, muito bom. Agora, venha para cá no trem noturno. Vou mandar um carro apanhá-lo na estação pela manhã. Boa noite.

O dono da mansão continuou em pé por um bom tempo, olhos fixos na lareira, profundamente absorto.

– Ora, bolas, por que ninguém pensou nisso antes? Era o mais lógico a fazer... E dizer que precisamos chamar um sujeito de Nova York para descobrir a solução! Esse Adams é realmente o máximo!

E, tendo feito esse comentário para as paredes, pegou o quarto charuto, que fumou tranquilamente.

Esse é o outro lado da moeda. Quem já viu Adams em ação fala dele desse modo. Mas estamos entrando na história pelo fim. Para conhecer Óbvio Adams e compreender o segredo do seu sucesso, precisamos começar pelo começo.

É interessante a trajetória de Oliver B. Adams, menino de origem humilde que iniciou sua vida profissional como balconista de mercearia numa cidadezinha da Nova Inglaterra e cresceu para se tornar conhecido no mundo dos negócios como Óbvio Adams.

Consta que Adams nasceu de pais muito pobres e trabalhadores, recebeu sofrível educação formal numa escola do interior e teve de começar a trabalhar aos 12 anos, quando seu pai morreu. Era um garoto comum, sem nada de especial. Não mostrava espírito de liderança nem ideias particularmente brilhantes. No entanto, por alguma razão misteriosa, as vendas passaram a aumentar constantemente naquela loja – e continuaram a crescer ano após ano.

Quem conhecia Ned Snow, o velho comerciante, podia jurar que aquele progresso todo não era coisa dele. Ned não era do tipo que faz os negócios andarem – a não ser para trás.

O tempo correu sem acontecimentos de monta até o velho Ned cair doente e morrer. Então, a loja acabou sendo vendida e Oliver ficou sem emprego.

Nos seis anos seguintes, ninguém sabe nada sobre a vida dele; só o próprio Adams, que pouco fala a esse respeito. Quando a mercearia foi vendida, ele pegou suas minguadas economias e foi para Nova York, onde começou a trabalhar como diarista num mercado municipal e a frequentar um curso noturno. Um dia, aconteceu o que tinha de acontecer.

Quando o curso estava quase no fim, o diretor da escola programou uma série de palestras vocacionais para os alunos das últimas séries. A primeira delas foi dada pelo presidente da famosa Agência de Publicidade Oswald.

Naquele tempo, James B. Oswald estava no auge da carreira. Era um conferencista didático e interessante, com especial talento para adequar sua mensagem às necessidades da plateia – provável razão de seu enorme sucesso em propaganda.

O jovem Oliver Adams ouviu a palestra extasiado. Pela primeira vez, tinha uma visão do grande mundo dos negócios. Oswald lhe pareceu o homem mais sensacional que já havia encontrado – sim, porque ele fez questão de ir ao encontro do homem e apertar sua mão depois da conferência.

A caminho de casa, voltou a pensar no que Oswald tinha dito a respeito da propaganda como profissão e como ramo de negócio.

Enquanto arrumava a cama em seu quartinho alugado no terceiro andar, pensou de novo em Oswald e concluiu que, de fato, devia ser um grande sujeito.

Ao ajeitar o cobertor e acomodar a cabeça no travesseiro, decidiu que gostaria de trabalhar em propaganda.

E, quando já se sentia deslizar para o sono, concluiu que gostaria de trabalhar com alguém como James B. Oswald.

Ao acordar na manhã seguinte, seus dois últimos pensamentos haviam confluído para um ponto: ele queria trabalhar em propaganda com James B. Oswald.

Então, a coisa lógica a fazer – pelo menos para Oliver Adams – era ir dizer isso ao cavalheiro em questão.

Embora um pouco assustado com o plano, nem por um minuto lhe pareceu que aquela não fosse a atitude certa a tomar. E foi assim que, às duas da tarde, quando começava o período de menor movimento no mercado em que trabalhava, Adams pediu licença para sair por duas horas. Depois de engraxar os sapatos e escovar sua roupa, rumou para o grande edifício-sede da Agência de Publicidade Oswald.

– O senhor Oswald está ocupado – disse a moça da recepção depois de anunciá-lo por telefone ao grande homem.

Oliver pensou um pouco.

– Diga a ele que posso esperar durante uma hora e dez minutos.

A moça fez uma cara admirada, porque ninguém mandava recados desse gênero ao chefão.

Mas aquele rapaz era tão direto, tinha alguma coisa de tão simples... alguma coisa que tornava a resposta absolutamente natural. Para sua própria surpresa, ela passou o recado ao presidente exatamente como o havia recebido.

– Ele vai atendê-lo em vinte minutos.

James Oswald gostava de contar como tinha sido essa entrevista.

"O jovem Adams entrou mais sério que um padre. Só lembrei que era um dos garotos que estavam na plateia na véspera quando se apresentou e mencionou nosso encontro.

"Foi dizendo que havia pensado e repensado, que estava decidido a entrar para o ramo da publicidade e desejava trabalhar comigo, razão pela qual estava ali.

"Examinei o rapaz. Um sujeito comum, um tanto parado e, pelo jeito, nada brilhante. Então, fiz algumas perguntas para ver se ele era ágil. A todas respondeu prontamente, mas sem nenhum brilho.

"Gostei dele, mas achei que lhe faltava flexibilidade – aquela esperteza tão necessária em publicidade. Finalmente, procurando ser o mais gentil possível, disse que ele não me parecia talhado para o ramo, que lamentava não poder lhe oferecer uma oportunidade e dei-lhe uma série de conselhos paternais. Foi um discursinho realmente caprichado, firme e gentil, que ele recebeu muito bem. Mas, em vez de insistir e implorar que eu lhe desse uma chance, levantou-se para sair e disse:

– Bom, senhor Oswald, concluí que quero entrar para a publicidade e trabalhar para o senhor. Então, pensei que o óbvio era vir até aqui e lhe dizer isso. O senhor parece não acreditar nas minhas possibilidades, de modo que precisarei achar um jeito de mostrar que sou capaz. Ainda não sei como, mas ligarei assim que souber. Obrigado pelo tempo que me concedeu. Até logo.

"Dito isso, saiu antes que eu achasse uma resposta. Confesso que fiquei paralisado. Meu belo discurso tinha sido inútil. Ele nem sequer considerou meu veredicto!

"Fiquei lá sentado, pensando. Estava irritado, sentindo que, de modo cortês mas absolutamente definitivo, um simples rapazote me havia vencido. Passei o resto da tarde aborrecido.

"Naquela noite, a caminho de casa, pensei no caso novamente. Uma frase ficara gravada em minha memória: 'Quero entrar para a publicidade, quero trabalhar para o senhor e pensei que o óbvio era vir lhe dizer isso'. De repente, compreendi. Quantas pessoas têm o poder de ver e fazer a coisa óbvia? E quantas têm a persistência necessária para levar a cabo uma ideia óbvia?

"Quanto mais pensava no assunto, mais me convencia de que deveria existir um lugar em nossa empresa para um mocinho com sensibilidade bastante para detectar o óbvio, com o poder de ir direto ao ponto e fazer o que tinha de ser feito – sem barulho nem qualquer espalhafato.

"No dia seguinte, mandei chamar o rapaz e o contratei para selecionar e arquivar publicações na Seção de Documentação."

Isso aconteceu faz vinte anos. Hoje, Oliver B. Adams é vice-presidente da Agência de Publicidade Oswald e responde por ela como seu principal executivo.

O velho Oswald passa pelo escritório uma ou duas vezes por semana, conversa com Adams e, claro, sempre comparece às reuniões de cúpula. Mas é Adams quem dirige a empresa. Tudo aconteceu naturalmente, em decorrência daquela sua "irritante obviedade", como o velho Oswald a qualificava, com seu proverbial bom humor.

Antes de completar o primeiro mês arquivando jornais, Adams pediu para falar com seu chefe e sugeriu mudanças no método de trabalho.

O chefe ouviu atentamente o que ele tinha a dizer e perguntou-lhe o que iriam ganhar com aquilo. Adams respondeu que a mudança traria economia de tempo, maior facilidade no manuseio dos periódicos e praticamente eliminaria erros.

A mudança era simples; ele recebeu sinal verde para implantá-la. Quando a operação estava completando três meses, Adams voltou a procurar seu chefe. Disse que o novo método estava funcionando tão bem que a tarefa poderia ser feita tranquilamente por alguém que ganhasse dois terços do seu salário. Sendo assim, não haveria por acaso algo melhor para ele fazer?

Adams comentou ter notado que, lá na Criação, os redatores estavam trabalhando até tarde. Caso essa sobrecarga fosse continuar, tinha pensado se não era o caso de começarem a treinar alguém para ajudá-los.

O chefe sorriu e mandou que voltasse ao trabalho.

– Saiba que você não é nenhum gênio da lâmpada – exclamou.

E Adams foi para trás de sua escrivaninha. Mas também começou a criar textos nas horas vagas.

A correria dos redatores devia-se à criação de uma grande campanha para a Associação dos Produtores de Pêssegos em Lata da Califórnia. Assim, Adams adotou os pêssegos como tema de pesquisa.

Pensou a respeito, estudou, comeu pêssegos, sonhou com eles – ao natural, enlatados, em conserva. Escreveu para agências governamentais para pedir publicações sobre o assunto. Gastou noites e noites estudando o processamento dos pêssegos e seu acondicionamento em latas.

Um dia, acomodou-se diante de sua modesta escrivaninha na Seção de Documentação e pôs-se a dar os últimos retoques a um anúncio que havia feito: texto e *layout*.

O diretor de Criação foi ao arquivo pedir que ele localizasse determinado número de um jornal. Adams saiu para procurá-lo e deixou em cima de sua mesa o anúncio em que estava trabalhando.

Enquanto esperava, o diretor de Criação passou os olhos pela peça.

Seis minutos do
pomar para a lata

Esse era o título. A seguir, havia esboços de imagens que ilustravam as seis etapas de processamento dos pêssegos, cada qual com um pequeno subtítulo e uma breve descrição das ações:

Pêssegos amadurecidos
ao sol da Califórnia

Colhidos maduros no pé.
Selecionados por moças
em impecáveis uniformes brancos.
Descascados e enlatados automaticamente.
Cozidos no vapor.
Acondicionados a vácuo.

Do fornecedor para você por
30 centavos a lata.

O diretor de Criação leu e releu o anúncio. Quando Adams voltou, Howland – esse era seu nome – não estava mais lá. E o anúncio também havia desaparecido.

Na sala da diretoria, Howland conversava com o presidente, os dois olhando para o *layout* do anúncio em cima da mesa.

– Garanto a você, Oswald. O garoto tem tudo para trabalhar na Criação. Não é brilhante, e Deus sabe que gente brilhante é o que não falta nesta empresa, mas consegue perceber os pontos essenciais e sabe expor cada um deles com a maior clareza. Para ser sincero, ele pôs no papel o que todos nós do andar de cima estávamos tentando dizer há mais de uma semana. E, para isso, tivemos de fazer três anúncios de meia página. Gostaria que você me desse o rapaz por algum tempo. Quero ver se descubro o segredo dele.

– Está dado – concordou Oswald.

A seguir, mandou chamar o chefe de Adams.

– Wilcox, será que você pode passar sem o Adams por uns tempos? – perguntou.

Wilcox sorriu.

– Posso, sim, acho que posso. Dias atrás, ele me disse que qualquer um daria conta do serviço por dois terços do salário.

– Certo. Então, mande que ele procure o Howland no andar de cima.

E Adams subiu para o agitado Departamento de Criação.

O anúncio para os pêssegos enlatados precisava ser burilado – missão atribuída a um dos craques do time, pois havia pressa – e Adams recebeu outra tarefa.

Suas primeiras tentativas foram pífias. Passadas várias semanas, o diretor de Criação chegou a pensar que talvez tivesse se enganado a respeito do rapaz. De fato, foram semanas demais sem que ele produzisse nada de especial. Até que, certo dia, uma nova conta aterrissou na Agência Oswald.

O produto era um bolo pronto, vendido em mercearias e mercados. A empresa não tinha grande capacidade de distribuição, mas havia sido picada pelo aguilhão da publicidade. Queria crescer. E crescer depressa. Sua base de operações alcançava um raio de mais ou menos 80 quilômetros a partir de Nova York.

O trabalho ainda não havia chegado à Criação, mas alguns redatores mais informados já tinham ouvido falar da conta. Adams escutou seus comentários.

Nesse dia, ele usou a folga do meio-dia para inspecionar estabelecimentos que vendiam o bolo. Comprou um e devorou uma generosa fatia à guisa de almoço. Era gostoso demais.

No fim da tarde, foi para casa, acomodou-se e estudou o problema do bolo. Alta madrugada, a luz ainda estava acesa em seu quarto de fundo no terceiro andar. Adams tinha posto na cabeça que, se tivesse a menor chance de trabalhar naquele anúncio, teria de fazer bonito.

No dia seguinte, a campanha do bolo aportou na Criação. Para grande frustração do rapaz, o *job* foi passado para um redator sênior. Adams passou a manhã inteira pensando no assunto e, pela hora do almoço, havia concluído que era mesmo um tolo. Imagine se a agência iria confiar um anúncio daqueles a um garoto como ele. Mas decidiu continuar trabalhando no problema nas horas vagas, como se a conta do bolo fosse responsabilidade sua.

Três semanas depois, a campanha estava pronta para ser lançada. Quando Adams viu as provas do primeiro anúncio, quase teve uma parada cardíaca.

Aquilo é que era anúncio! Era de dar água na boca! Preston, o redator encarregado, era especialista em textos sobre alimentação, mas, dessa vez, tinha conseguido se superar. Adams sentiu um profundo desânimo. Nunca seria capaz de escrever um texto como aquele. Nem em um milhão de anos! Aquilo era alta literatura. Transformava em manjar dos deuses um bolo de 15 centavos.

A campanha foi programada para seis meses de veiculação, e Adams observou atentamente anúncio por anúncio, resolvendo que precisava passar por um treinamento, tendo Preston como instrutor.

Quatro meses depois, apesar dos maravilhosos anúncios publicados nos jornais, tanto os grandes quanto os de bairro, começaram os sinais de insatisfação do cliente, a Golden Brown Cake Company.

Os diretores gostavam da campanha, admitiam que eram os melhores anúncios de bolo já criados, registravam até algum crescimento nos negócios – mas as vendas não tinham explodido como eles esperavam. Passado outro mês, estavam mais frustrados ainda. Finalmente, expirado o semestre, avisaram que iriam interromper a campanha: ela não conseguira atingir a lucratividade pretendida.

Adams ficou completamente arrasado. Sentia o fracasso como se fosse o dono da agência, Oswald em pessoa. Estava interessado demais pelo ramo dos bolos. Natural que ficasse arrasado ao ouvir que a Golden Brown Cake iria suspender os anúncios. Ao chegar em casa, sentou-se em seu quarto, pensando no problema do cliente.

Passado algum tempo, abriu uma gaveta e tirou dela um envelope. Eram os anúncios para o bolo que ele havia criado meses atrás.

Leu o que tinha escrito. Os textos pareciam simplórios perto dos de Preston. Em seguida, olhou as artes de alguns cartazes que havia rabiscado para sua campanha imaginária. Depois, pegou uma folha de papel grande e nova e passou a colori-la com aquarela.

Adams olhou para aquilo tudo, pensou, pensou, pensou. Então, mergulhou no trabalho, revisando as peças feitas meses atrás, corrigindo aqui, mudando acolá. À medida que trabalhava, as ideias iam surgindo. Eram quase três horas da manhã quando foi para a cama e apagou a luz.

Na manhã seguinte, chegou ao escritório seguro do que deveria fazer. Às dez da manhã, telefonou para a sala da diretoria e perguntou se poderia descer e falar com o senhor Oswald. Recebeu sinal verde. Às onze horas, Oswald desviou os olhos do último anúncio feito por Adams para a campanha do bolo e sorriu.

– Acho que você conseguiu. Estávamos fazendo anúncios maravilhosos, mas não percebemos alguns pontos essenciais que você considerou no seu plano. O problema é que caprichamos na criatividade e esquecemos de vender. Creio que, com este planejamento, posso trazer o cliente de volta

Às três da tarde, Adams foi chamado à sala do presidente.

– Senhor Adams – disse Oswald ao sentar-se – a Golden Brown Cake Company continua nossa cliente. E voltou com força total. Eles gostaram do planejamento, de modo que vamos arregaçar as mangas e recomeçar o trabalho. Pegue seu material e procure o senhor Howland para desenvolver a campanha. Já falei com ele, que está tão satisfeito quanto eu com o seu desempenho. Ele vai trabalhar nos textos com você. São bons, muito bons, mas você deve saber que ainda estão toscos em algumas passagens. Howland pode ajudar a melhorar a forma. Mas não deixe que isso lhe suba à cabeça, hein, meu jovem. É preciso mais de uma batalha para ganhar uma guerra

Adams estava no sétimo céu quando saiu da sala do presidente. Mas bastou uma hora de discussão com o diretor de Criação para ele aterrissar novamente e ver o quanto havia por fazer até o material ficar pronto para publicação. Apesar disso, os principais pontos de seu plano seriam mantidos

Todos concordaram em incluir um esquema de degustação do bolo para o público. Consideraram excelente a ideia de fornecer diariamente fatias embrulhadas uma a uma para que os potenciais consumidores pudessem provar o produto nos pontos de venda

Foi aprovada a sugestão de fazer cartazes mostrando o bolo em suas cores naturais – o que, segundo ele, iria deixar os consumidores "com água na boca". Em consequência, a velha embalagem verde seria descartada e substituída por outra, que iria reproduzir o amarelo-dourado do bolo. Letras marrons, bem escuras, serviriam para dar destaque à embalagem, tornando-a chamativa aos olhos e ao apetite do consumidor.

Adams já conhecia algumas dessas diretrizes desde os tempos da pequena mercearia da Nova Inglaterra. Pareciam-lhe evidentes. Foi o que acharam também o presidente Oswald, o diretor de Criação Howland e todos da equipe da agência assim que tomaram conhecimento do plano da campanha. Por que tais ideias não tinham passado pela cabeça deles?

Antes que a campanha de degustação completasse uma semana, as vendas já começavam a dar sinais de crescimento substancial. No final do mês – tradicionalmente o mais desfavorável de seu calendário – as vendas da Golden Brown Cake Company tinham crescido 30 por cento.

Esse fato marcou o início de uma das campanhas regionais de maior sucesso na história da Agência de Publicidade Oswald.

É... A propaganda era simples, quase simplória. Mas lembrava aquelas antigas cozinhas do interior, cheirosas e aconchegantes em dia de assar bolo. E falava do ambiente limpo, claro e arejado em que a Golden Brown Cake fabricava seus produtos. Na realidade, tudo era dito de modo tão singelo que a campanha teria sido rejeitada, não fosse o fracasso da anterior.

Meses depois, uma importante reunião foi realizada na sala da diretoria da Agência de Publicidade Oswald. Os executivos da Companhia de Chapéus Monarch fecharam-se lá com o presidente e o diretor de Criação, discutindo, considerando relatórios de vendas e fumando por mais de três horas.

A questão era que a Monarch tinha duas lojas de varejo numa cidade do sul – uma era lucrativa; a outra ficava bem atrás nos resultados. Eles pretendiam manter as lojas, pois a cidade era grande e seu mercado comportava as duas. Mas não queriam continuar perdendo dinheiro.

A empresa já havia investido milhares de dólares em uma campanha especial de propaganda. A loja que ia bem tinha melhorado suas vendas. A outra não conseguia sair do vermelho. Eles sabiam que era preciso fazer alguma coisa. E bem depressa.

A reunião durou até a hora do almoço, mas sem resultados palpáveis. Tudo o que a agência sugeria já tinha sido feito ou era impraticável. Então, Oswald cortou:

– Muito bem, senhores. Já passamos três horas discutindo o que fazer. No entanto, o que me parece essencial em nosso trabalho é, antes de mais nada, saber o que está acontecendo. Sugiro que me concedam duas semanas para detectar o problema. Depois, voltaremos a nos reunir

Famintos, cansados de tanto falar, todos concordaram, sem exceção.

– Qual é o plano? – perguntou o diretor de Criação, tão logo o pessoal do cliente se retirou da agência.

Oswald fitou-o pensativo e respondeu:

– Decidi arriscar, Howland. Se tivesse tempo, eu mesmo viajaria até lá para pesquisar, mas não tenho. O pessoal lá da Monarch não precisa ser informado sobre como faremos nosso trabalho. E o que vamos fazer é mandar nosso garoto até lá e ver o que ele consegue descobrir

– Será que você está pensando na mesma pessoa que eu?

– Exatamente. Vamos mandar o Adams. Está me parecendo que existe alguma coisa obviamente errada nessa história; alguma coisa que não tem nada a ver com relatórios de vendas nem com giro de estoque. Se eu estiver certo, posso apostar que, simples e direto como é, o garoto vai descobrir. Ele é a própria encarnação do óbvio. Posso estar errado, mas vou tentar.

Passando do dito ao feito, o presidente mandou chamar o rapaz.

– Adams, a Companhia de Chapéus Monarch tem duas lojas no sul. Uma dá lucro e a outra não dá. Quero que vá até lá e descubra qual delas dá prejuízo e por quê. Mas atenção: sem perguntar a eles, certo? Passe no caixa para pegar dinheiro e prepare-se para partir amanhã de manhã. Só volte quando estiver certo de ter resolvido a charada. Boa viagem.

Adams foi. Assim que chegou à cidade, hospedou-se num hotel, livrou-se da bagagem e vinte minutos depois já tinha achado uma das lojas. Ficava em um ponto bastante movimentado, sua entrada era imponente e tinha vitrines para as duas ruas que formavam a esquina onde estava localizada.

Ele só foi descobrir a outra loja depois de meia hora. Estava em plena Rua do Mercado, a principal artéria do comércio varejista local, e também ocupava uma esquina. Adams ficou surpreso ao vê-la: afinal, já havia passado três vezes por ali sem notá-la. Então, atravessou a rua e tratou de observar o estabelecimento de longe. A frente que dava para a Rua do Mercado era muito estreita, enquanto uma enorme vitrine se apresentava para a rua lateral.

Impressionado com a dificuldade que tivera para encontrar a loja, pensou: se fizessem uma campanha de propaganda, o que aconteceria? A outra loja colheria todos os frutos, por ter boa visibilidade e excelente localização. Mesmo não estando na Rua do Mercado.

Não havia dúvida: a loja à sua frente era a que dava prejuízo.

Enquanto observava, Adams notou que quase todo o mundo usava a calçada da loja para subir a rua. Isso significava que, quando se aproximavam, as pessoas olhavam para a frente, focalizando o sinal para atravessar. E que, quando atravessavam, ficavam de costas para a grande vitrine lateral. Mesmo para as pessoas que desciam por aquele lado da rua, uma boa visão da vitrine era impossível, pois, caminhando perto do meio-fio, tinham uma maré de gente entre elas e a loja.

Ele contou os transeuntes por períodos de cinco minutos e constatou que os que subiam superavam em mais de 50 por cento os que desciam. Então, contou os passantes do outro lado e registrou: os que desciam superavam os que subiam em mais de 50 por cento. As pessoas não viam a loja. Logo, não conseguiam encontrá-la. Era evidente que a Monarch estava pagando mais do que o dobro do que deveria pelo aluguel da loja naquele lado – e os aluguéis na Rua do Mercado deviam ser bem altos.

Naquela noite, Adams matutou, imaginou e rabiscou diagramas em seu quarto de hotel. Sua teoria parecia não ter furos. Estava seguro de suas conclusões.

Na noite seguinte, depois de se haver concedido mais um dia de pesquisa, no qual descobriu o valor do aluguel e alguns dados referentes às vendas, Adams voltou para Nova York.

Passados poucos meses, o contrato de locação expirou e a loja mudou de endereço. O rapaz havia resolvido o problema, que ficou muito fácil depois de ter aparecido a resposta.

– Foi na consistente obviedade de Adams que eu apostei. Ele nunca se desvia dos fatos. Simplesmente olha de frente para eles e parte para a análise. Isso é meio caminho andado – assim falou Oswald ao diretor de Criação, Howland.

E esse foi o início de uma série de eventos que não só conduziram Adams ao topo da hierarquia como lhe permitiram comprar ações da agência e tornar-se sócio de Oswald. Nessas situações, ele nunca fazia nada de espetacular: apenas aplicava o senso comum à análise dos fatos e, depois, mais e mais bom senso na hora de fazer o planejamento.

E veio a carta de um fabricante de papel *bond* – aquele do tipo sulfite. Dizia estar interessado em anunciar seu produto e que agradeceria se alguém da Agência Oswald fosse visitar a fábrica e discutir o assunto com seus executivos. O presidente da agência estava com viagem marcada para a Europa, devendo partir às onze da manhã do dia em que a carta chegou. Coincidentemente, Adams estava na sala de Oswald quando este abriu e leu a correspondência.

– O que acha de ir até lá e falar com esse pessoal? – perguntou Oswald com um sorriso entre enigmático e maroto, estendendo-lhe a carta. Ele gostava de testar sua equipe, experimentar novas combinações de tarefas e pessoas.

– Acho ótimo – respondeu Adams, com o rosto iluminado de satisfação diante da possibilidade de uma nova missão.

– Então, vá. E boa sorte – disse Oswald, passando em seguida aos últimos preparativos de sua viagem à Europa.

Adams foi visitar o cliente logo na manhã seguinte.

O presidente da companhia papeleira indagou se ele achava possível anunciar seu produto com alguma perspectiva de sucesso. Adams disse que nada poderia adiantar sem conhecer mais sobre a fábrica e o papel. Precisava ter acesso aos fatos.

Assim, foi-lhe designado um acompanhante, e ele passou dois dias literalmente mergulhado num mar de papel. No final, concluiu que naquela usina o papel era feito de fibras brancas selecionadas; a água usada no processo era a mais puramente filtrada; a secagem se dava sobre esteiras em ambiente limpíssimo. E, surpresa das surpresas, o controle de qualidade era feito manualmente, folha por folha. Naquele tempo, nada disso era público e notório como hoje, de modo que Adams concluiu serem grandes as chances de fazer sucesso com uma campanha publicitária.

O terceiro dia foi gasto no quarto do hotel, com desenhos de alternativas de *layout* para os anúncios. No final da tarde, Adams juntou tudo e levou o material ao presidente da companhia.

O homem olhou as peças e fez um muxoxo. Era evidente que estava decepcionado. Adams sentiu o coração disparar. Será possível que iria falhar na primeira vez que saía para conquistar um cliente? Talvez. Mas não sem espernear.

O presidente balançou-se para a frente e para trás em sua cadeira durante algum tempo. Finalmente, citando propositalmente o texto do anúncio que tinha em mãos,observou:

– Meu jovem, todo papel *bond* de qualidade existente no mundo é feito de fibras cuidadosamente selecionadas, com a mais pura água filtrada. Todo papel *bond* de qualidade é secado em esteiras. E todos os papéis de boa qualidade são vistoriados manualmente, folha por folha. Não preciso chamar ninguém de Nova York para me dizer isso. O que eu queria era alguma ideia original. Todo mundo está cansado de saber essas coisas sobre o nosso papel.

– Não diga! – replicou Adams. – Para mim, isso é novidade. Nossa agência gasta milhares de dólares em papel todos os anos, mas aposto que ninguém na empresa conhece coisa alguma sobre o processo de fabricação, salvo que papel se faz com fibras.

E continuou:

– Veja como são as coisas, senhor Merritt. Nós não fabricamos papel, e ninguém nunca nos disse esse tipo de coisa. Sei que os meus anúncios não têm nada de brilhante. Eles simplesmente expõem os fatos. Mas acredito com toda a sinceridade que, se apresentarmos os fatos de maneira simples e direta, dia após dia, atribuindo essas qualidades ao seu papel, em pouco tempo as pessoas começarão a pensar que o seu papel é melhor do que o dos outros. O senhor ficaria uns dois ou três anos à frente da concorrência. Quando os concorrentes apelassem para a propaganda, sua marca já estaria gravada na mente do consumidor. Ela já seria sinônimo de papel de qualidade.

Merritt ficou impressionado com a lógica da argumentação de Adams, mas ainda estava hesitante.

– Acontece que nós seríamos motivo de chacota entre os papeleiros de todo o país se saíssemos falando essas coisas. Porque, afinal de contas, todas as boas fábricas produzem seus papéis exatamente da mesma maneira, sem tirar nem pôr.

Adams inclinou-se para a frente e encarou Merritt olho no olho:

– Diga-me uma coisa, senhor. Que público pretende atingir? Quem fabrica papel ou quem compra papel?

– Entendi seu ponto de vista – disse o presidente. – Está certo. Começo a perceber. Propaganda não é golpe de mágica; é puro bom senso. Como tudo o mais, aliás.

E Adams voltou para Nova York com um contrato para um ano de campanha. A ser desenvolvida como bem aprouvesse à Agência Oswald.

A campanha do papel foi um sucesso desde o início. Mas, ao ser analisada, descobriu-se que Adams não tinha feito mais do que o óbvio.

Oswald, que ainda estava na Europa, foi informado do êxito na conquista da conta do novo cliente. E logo mandou uma mensagem escrita de próprio punho, parabenizando o rapaz. O que mais surpreendeu Adams foi que o envelope estava endereçado a Óbvio Adams.

Aquele apelido, "Óbvio", correu a agência de alto a baixo. E pegou.

Depois, a campanha do papel ficou famosa – e com ela Adams e seu apelido. Atualmente, ele é conhecido no país inteiro por todos os publicitários norte-americanos, embora apenas um punhado deles saiba que seu verdadeiro nome é Oliver.

Qualquer revista que se folheie hoje atesta a influência por ele exercida com sua obviedade. Exemplo: a propaganda dos chapéus Monarch.

Os anúncios traziam imagens de homens de corpo inteiro. Com isso, os chapéus ficavam pequenos, quase imperceptíveis.

– Vamos mostrar o chapéu, e não o homem – disse Adams um dia no Departamento de Arte, ao examinar as fotos produzidas para a campanha. – Quem vai querer comprar o chapéu se ele não é mostrado? Perdemos todo o impacto ao reduzir a imagem do produto dessa maneira

Dito isso, pegou a ampliação, uma tesoura e foi recortando a foto, até que só restasse um chapéu, um rosto sorridente e a impressão difusa de um colarinho engravatado. A seguir, pôs o recorte sobre uma página de revista, que ficou quase toda encoberta pela imagem. Então, disse:

– Agora, sim. Publiquem isso com o texto posicionado naquele cantinho que sobrou à esquerda.

Desde então, quando abrimos uma revista, é comum deparar com um rosto quase tão grande quanto o nosso, com um sorriso aberto. E é impossível deixar de vê-lo.

Como Griffith no cinema, Adams introduziu o *close* na publicidade. Ambos só fizeram o óbvio.

Adams também descobriu que os anúncios não precisam ser sempre iguais, com títulos em letras enormes a resumir sua mensagem. Ele provou que as pessoas aceitam ler textos de até quatro páginas em letras pequenas. Basta que tenham interesse e dramaticidade, como qualquer história bem contada.

Esta é outra obviedade que pode até servir para a sua propaganda, leitor, caso tenha um produto a anunciar.

Você poderia ficar surpreso ao saber que Adams não é particularmente bom de papo. Sem nenhum dos atributos geralmente ligados à imagem que a gente tem do gênio, ele tampouco é um sujeito temperamental.

Desde aqueles primeiros tempos, Adams vem enfrentando campanhas complicadíssimas, assessorando aqui, liderando acolá, recuando algumas vezes, às vezes errando. Mas jamais cometendo os mesmos erros duas vezes.

Com sua proverbial visão do mercado, cuidou de inúmeras empresas doentes, levando-as a recuperar a saúde organizacional e também suas polpudas contas bancárias. Ajudadas por ele, pequenas fábricas de fundo de quintal se transformaram em grandes indústrias, instaladas em terrenos enormes. Adams mudou os hábitos alimentares do país. O café da manhã dos norte-americanos nunca mais foi o mesmo. Transformou marcas comerciais em substantivos comuns, que foram dicionarizados. Mas, levando-se em conta sua experiência e sua reputação, não chega a ser um sujeito interessante.

Isto é, a menos que você fosse à casa dele e pudesse vê-lo como eu pude: refestelado diante da lareira em sua confortável sala de visitas, fumando prazerosamente um bom charuto. Foi em resposta à minha pergunta sobre como tinha ganhado o apelido de Óbvio que ele contou alguns dos incidentes que acabei de relatar.

– Eu não nasci Óbvio, quem me pôs esse apelido foi o senhor Oswald – reagiu de imediato. – Naquele tempo, eu não parava para pensar se uma coisa era ou não era óbvia. Fazia o que me vinha à cabeça naturalmente, depois de virar e revirar os problemas. Não me cabe nenhum mérito por isso. Eu fazia o que tinha de fazer.

– Então, por que os outros homens de negócios não fazem o óbvio? – retruquei. – Na sua agência, o pessoal da sua equipe diz que, depois de concluídas as discussões sobre o óbvio a fazer, eles costumam gastar horas tentando imaginar se a sua proposta será diferente. E quase sempre você se sai com uma surpresa.

Adams sorriu.
"É que, depois de ganhar esse apelido, pensei bastante na questão. Concluí que o pressuposto do óbvio é a análise, cujo pressuposto, por sua vez, é o pensamento, a reflexão. Creio que está certo quem diz que pensar é o trabalho mais árduo de todos, e que as pessoas não gostam de fazer nada além do mínimo indispensável. Elas

procuram o caminho mais fácil, acham um desvio ou atalho e dizem que descobriram o óbvio. Não reúnem os fatos nem analisam as informações antes de concluir se a solução a que chegaram é realmente a óbvia. Desse modo, passam por cima do primeiro e mais óbvio princípio empresarial.

"Quase sempre, é isso que faz a diferença entre o empresário pequeno e o homem de negócios poderoso e bem-sucedido. Muitos dos pequenos sofrem de um grave problema: miopia empresarial. E ela poderia ser curada se adotassem o caminho óbvio de chamar um consultor especializado, capaz de corrigir seu ponto de vista e de lhes dar um panorama verdadeiro de sua empresa e de seus métodos. O mesmo pode ser dito de várias grandes empresas.

"Algum dia, muitos empresários vão acordar e ver como o óbvio é um recurso poderoso e saudável. Aliás, alguns já se alertaram. Theodore Vail, um dos mais destacados presidentes na história da AT&T, é um exemplo. Observou que o equipamento de telegrafia ficava inativo durante oito horas e criou um novo serviço: o telegrama noturno. Com isso, aproveitou as horas mortas e expandiu os negócios. Pode haver coisa mais óbvia do que essa? Observe os executivos mais bem pagos do país. São todos fazedores do óbvio.

"Espero estar vivo para testemunhar o dia em que as prefeituras descobrirem que estão ignorando o óbvio ao permitir que nossas bibliotecas, nas quais investimos centenas de milhares de dólares, funcionem ano após ano cumprindo apenas parcialmente sua missão. Bastariam ridículos 2 ou 3 por cento de seu orçamento anual para fazer uma campanha no jornal vendendo o encanto da biblioteca – ou do hábito de frequentar bibliotecas, se preferir. Com isso, as bibliotecas teriam o dobro de utilidade para a população. Que coisa maravilhosa, anunciar uma biblioteca, um grande museu de arte!

"Dia virá em que companhias como as estradas de ferro deixarão de fazer sigilo sobre seus preços. Vão ganhar um dinheirão. E sabe de quem? Das pessoas que não viajam, mas viajariam se soubessem que as passagens não são tão caras quanto imaginam. As companhias poderiam publicar o preço das passagens nas próprias tabelas de horários. Não o de todos os percursos, mas pelo menos o dos trechos principais, que ligam as grandes cidades. Hoje, você vai ao guichê, e o sujeito que vende as passagens, com o dedo na frente dos lábios, diz baixinho: 'Pssss... Esse trem tem tarifa extra; trate de descobrir. Eu é que não vou contar'.

"Eu mesmo tive um conhecido que morava em Nova York e sonhou a vida inteira em conhecer a cidade de Filadélfia. Tão perto! Nunca foi, porque pensava ser caro. Ele poderia ter procurado a informação, evidente, mas isso é o tipo da coisa que não deveria ser preciso perguntar. Algum dia, as ferrovias vão descobrir o óbvio e fazer anúncios para pessoas como o meu amigo. Porque elas existem aos milhões".

Chegando ao final da frase, Adams consultou o relógio. Então, pediu licença e fez uma ligação, mandando que trouxessem seu automóvel. Precisava pegar o trem noturno para Chicago, onde deveria solucionar uma questão delicada para um cliente – um grande fabricante de alimentos matinais. Ele havia apelado para Adams, o médico dos negócios em dificuldade. Era o homem indicado para receitar o remédio certo.

Enquanto atravessávamos a cidade em sua esplêndida limusine, ele permaneceu calado, mergulhado em seus pensamentos. Também eu me pus a pensar. Qual seria o segredo daquele homem? Fiz a pergunta só para mim.

Então, me lembrei da história do menino que precisava fazer uma redação sobre as montanhas da Holanda e escreveu:

As montanhas da Holanda
Não existem montanhas na Holanda.

A resposta era essa, concluí.
Não há segredo. É óbvio!

Parte II
COMO DETECTAR O ÓBVIO

Cinco princípios para testar a obviedade do óbvio

Em 1916, quando saiu a primeira edição de *Óbvio Adams,* pensei que orientar os homens de negócios a "fazer o óbvio" seria fácil: bastaria apontar as soluções ou atitudes óbvias.

Ledo engano

Descobri que, nas mais diversas situações, quase todos tendem a agir como o sujeito que quer ir de Nova York a Mineápolis, mas passa por Nova Orleans em vez de escolher o caminho ponto a ponto – o itinerário óbvio.

O problema é que o óbvio costuma ser tão simples e tão comum que não tem nenhum apelo para a imaginação. Todos gostam de ideias brilhantes e planos engenhosos, que são ótimos para animar a conversa à mesa na hora do almoço. Infelizmente, o óbvio é tão óbvio!

No entanto, ele sempre funciona, seja qual for o nosso campo de atividade. E, nos negócios, então, é invariavelmente o recurso mais lucrativo e seguro. Descobri depois um segundo dado: que todas as pessoas, sem exceção, fazem um esforço tremendo para atingir o óbvio. Aplicam todo seu empenho para chegar a ele pela força da lógica.

Ora, o pensamento lógico é um processo mental dos mais enganosos. Por causa dele, as pessoas se convencem de ter chegado à solução óbvia. Mas, não raro, descobrem que, longe de ter atingido o óbvio, não foram além de uma simples racionalização.

Então, como reconhecer o óbvio?

Ao longo dos anos, desenvolvi cinco princípios que ajudam a identificar o óbvio. Não são 100 por cento seguros, pois nada é absolutamente certo em nosso mundo, tão complexo e em permanente mutação. Mas eles constituem métodos de checagem bastante práticos.

Princípio 1
Depois de achadas, todas a s respostas são óbvias

"Depois de ser resolvido, o problema parece fácil."

Charles Kettering, um dos grandes pioneiros da indústria automobilística, mandou escrever essa frase num cartaz, que colocou na entrada do prédio da General Motors onde funcionava o Departamento de Pesquisa e Desenvolvimento da empresa, do qual era diretor.

Quase sempre, o óbvio é simples – tão simples que, às vezes, toda uma geração de homens e mulheres passou por ele e não viu. Sempre que uma ideia parecer brilhante, engenhosa ou complicada, devemos desconfiar dela. É muito provável que não seja o óbvio.

A história da ciência, das artes e dos grandes progressos no mundo dos negócios é uma história de pessoas que tropeçaram em soluções simples para problemas complicados. A tal ponto que o provérbio de Kettering mereceria ser parafraseado: "Depois que se encontra a solução, ela parece óbvia".

Princípio 2
O ÓBVIO ESTÁ EM HARMONIA
COM A NATUREZA HUMANA

"Será que as pessoas vão aceitar as minhas ideias?"

Boa pergunta. Se não tiver certeza de que seus pensamentos ou seus planos serão compreendidos e aceitos; se achar difícil mostrar como são óbvios para todos e cada um – sua mãe, sua mulher, seus irmãos, irmãs, primos, sua tia Maria, seu vizinho, o colega de escritório, o mecânico que cuida do seu automóvel, seu barbeiro, o gerente do supermercado, o engraxate, sua secretária, o sujeito ao seu lado no metrô, seus amigos mais sinceros –, é porque não devem ser óbvios.

Essas pessoas têm a capacidade de reconhecer o óbvio em sua total simplicidade, por estarem livres das complicações introduzidas pelo conhecimento profissional ou técnico, bem como das inibições que decorrem da experiência acumulada.

Coletivamente consideradas, elas representam uma amostra da natureza humana, que ergue ou destrói planos ou reduz a zero as soluções dadas a um problema. Trata-se de um fator de controle da vida e dos negócios, das ciências e das artes.

Seja qual for o seu objetivo – vender coisas às pessoas, obter a adesão delas, induzi-las a adotar determinado comportamento, convencê-las a mudar certos hábitos –, se o seu modo de fazer não se coadunar com a natureza humana, você acabará perdendo tempo, dinheiro e energia.

O público é incrivelmente óbvio em suas reações – porque sua mentalidade é simples, direta e sem sofisticação.

Princípio 3
O óbvio não gasta papel

Escreva seu projeto, plano ou ideia, mas utilize palavras curtas e simples, como se estivesse explicando tudo a uma criança.

Você é capaz de fazer isso em apenas dois ou três parágrafos? Se a resposta for "não" ou se a explicação sair longa, complicada, prolixa, é muito provável que não tenha atingido o óbvio.

Vale repetir: "Depois que se encontra a solução, ela parece óbvia".

Nenhuma ideia, nenhum plano, programa ou projeto é óbvio, a menos que possa ser compreendido e aplicado por pessoas de inteligência mediana.

Em geral, a tentativa de traçar um plano ou expressar um pensamento no papel tornará evidentes seus pontos fracos ou suas complexidades. Às vezes, é o que basta para você perceber o que há de errado no que está pensando e retomar o caminho para uma solução mais simples e óbvia.

Com toda a certeza, colocar as coisas no papel é o modo mais rápido de você saber o que conseguiu. Ou *não* conseguiu.

Princípio 4
O ÓBVIO BRILHA NOS OLHOS DAS PESSOAS

Observe as reações quando você apresenta uma ideia, delineia a solução para um problema ou revela um projeto ou programa. Se alguém disser "Puxa vida! Como não pensei nisso antes?", pode começar a festejar. Porque uma das características do óbvio é produzir uma reação mental semelhante a uma explosão: uma iluminação instantânea.

Em muitas situações, desse momento em diante, o assunto parece resolvido, sem necessidade de explicações ou discussões. É tudo tão óbvio que dispensa comentários.

Porém, mesmo diante de uma reação desse tipo, é de bom alvitre adiar a decisão por um ou dois dias. Às vezes, as falhas ocultas só aparecem depois de uma boa noite de sono. Quando uma ideia ou proposta não conquista de pronto, exigindo explanações exaustivas e longas discussões, de duas uma: ou ela não é óbvia ou você não mergulhou nela a ponto de reduzi-la a sua óbvia simplicidade.

"Explosões mentais" revelam-se naquilo que as pessoas dizem, na luz que repentinamente banha suas faces, na aceitação que manifestam no olhar quando deparam com uma ideia óbvia. Este é um teste infalível de obviedade.

Princípio 5
O óbvio tem hora certa

Muitos planos e ideias podem ser óbvios, mas estar obviamente fora de época. Avaliar a oportunidade é tão importante quanto avaliar a ideia ou o plano em si.

Às vezes, o tempo passou, definitiva e inexoravelmente. Nesse caso, o óbvio a fazer é esquecer sua ideia. Em outras ocasiões, o momento certo pode estar no futuro – o que exige paciência e atenção.

O presidente de uma das maiores fábricas de artefatos de borracha do país me mostrou certa vez sua "Estante de Troféus do Futuro". Ele colecionava ali muitos objetos inusitados, feitos total ou parcialmente de borracha e considerados extemporâneos por serem avançados demais para a época. Eram produtos desenvolvidos pelo Departamento de Pesquisa e Desenvolvimento da empresa, mas ainda caros demais para enfrentar a concorrência de similares produzidos com outros materiais.

Portanto, ficavam guardados na prateleira, à espera de que os preços se tornassem competitivos – seja mediante o aperfeiçoamento de processos de produção mais baratos, seja pelo aumento dos custos dos concorrentes. (Alguns dos produtos daquela prateleira já fizeram sucesso no mercado e hoje são bastante populares.)

Depois do primeiro princípio, o da oportunidade talvez seja o mais importante para aferir se um projeto é óbvio ou não.

O pensador e literato Ralph Waldo Emerson escreveu em seu *Diário:* "Conhecer o momento certo é uma grande virtude. Meu vizinho, um artesão que faz carroças, passa todo o verão fabricando trenós e todo o inverno produzindo charretes leves para serem usadas de junho a agosto. Desse modo, já no primeiro dia de cada estação ele está pronto...".

Estar pronto é conhecer a hora certa.

E conhecer a hora certa é um dos requisitos do óbvio.

Normalmente, não é necessário aplicar todos os princípios do óbvio para testar uma ideia. Mas convém *pensar* em todos eles. Mais ainda: antes de dispensar um deles, qualquer um, é preciso estar absolutamente seguro de que não se aplica ao problema.

Por que fazer isso? Porque é óbvio. E é óbvio porque nossa tendência é achar que nossas ideias são sempre ótimas. Portanto, é bom nos prevenir contra isso.

Mesmo quando estamos convencidos de ter uma ideia óbvia, nosso problema não foi resolvido. A menos que ela se enquadre no quarto princípio – "O óbvio brilha nos olhos das pessoas" –, ainda teremos um trabalho de venda a fazer. E vender uma ideia óbvia pode ficar difícil, simplesmente porque ela é tão óbvia... só para nós.

Ficamos irritados quando os outros não "compram" nossas ideias instantaneamente.

Conforme explicou Robert Rawls em *Time Out for Mental Digestion* ("Pausa para digestão mental"), normalmente investimos dias, semanas ou meses no desenvolvimento de uma ideia. Ficamos completamente familiarizados com tudo o que diz respeito a ela; sabemos todos os prós e todos os contras.

Daí a expectativa de que os outros a aceitem de imediato, sem discussão nem explicação, só porque fomos nós que a apresentamos. Entretanto, isso dificilmente acontece. As pessoas precisam de tempo para pensar, mergulhar na ideia, fazer sua "digestão mental". É um direito delas.

Por isso mesmo, é nossa obrigação explicar nossas ideias com simplicidade e clareza, bem como deixar que os outros façam quantas perguntas quiserem. Se formos espertos, trataremos de encorajá-los a criticar e desafiar nossas ideias. Se estas forem óbvias, resistirão a todas as perguntas e críticas. Se não forem, convém desconfiar delas. Melhor faríamos se examinássemos pessoalmente cada um de seus detalhes.

Estes cinco princípios não esgotam o assunto. Todo homem de negócios deveria produzir testes específicos para uso próprio. A questão é ter certeza de que não sucumbiremos à paixão por uma ideia simplesmente porque supomos que ela seja óbvia.

Fazer o óbvio não é tão simples quanto parece.

Cinco perguntas para achar as respostas óbvias

Como descobrir o óbvio? Onde?

Aqui vão cinco perguntas que servem, no mínimo, para conduzir a imaginação pelos caminhos do óbvio.

Pergunta 1
Dá para simplificar?

Não se preocupe em saber *como* uma coisa foi ou é feita. Não perca tempo tentando descobrir como as pessoas gostariam que ela fosse feita. A questão crucial é saber se existe um modo mais simples de fazer – seja essa coisa, seja o que for.

Livre-se de tudo o que acumulou anteriormente: ideias, processos, métodos, técnicas, tradições. Se um garoto de 7 anos tivesse de lidar com o problema, isento das inibições acumuladas ao longo de gerações, como procederia?

A experiência acumulada é valiosa. Mas pode sufocar, impedir ou complicar a ação quando se trata de fazer o óbvio. É preciso uma mente nova, virgem, receptiva e original para simplificar qualquer coisa.

Nunca esqueça: "Depois de resolvido, o problema parece fácil".

Existe um modo totalmente mecânico de simplificar um plano, assim como de analisar uma ideia para testar sua simplicidade:

Escreva cada parte do plano ou da ideia numa folha de papel.

À medida que registra cada item, aplique-lhe a pergunta-teste:

Este elemento é absolutamente indispensável? Será mesmo?

Assim procedendo, vai acabar por descobrir que, inconscientemente, você começa sempre no ponto onde outros pararam. Porque está aceitando a acumulação de ideias dos que vieram antes de você. Dado que a maioria das ideias se desenvolve por acréscimo – como uma bola de neve –, a abordagem óbvia para simplificar é outra: começar do começo, part ir de terreno virgem.

A técnica óbvia é livrar-se de todo e qualquer elemento supérfluo. Mergulhe até o fundo do problema. Pergunte-se:

O *que estou tentando fazer?*
Por quê?

Um dos grandes problemas da atualidade é a parafernália de métodos e processos, máquinas e ferramentas complicadas, tradições e costumes arraigados. Com isso, pensamos e planejamos à base de comparação; construímos sobre um terreno supercompactado de experiências e hábitos acumulados.

Deveríamos fazer o contrário, partir sempre do zero, como se acordássemos cada manhã em um novo mundo, no qual todos os problemas da vida e dos negócios, das artes e das ciências ainda estivessem à espera de solução.

Esta é a primeira e mais óbvia abordagem para quem pretenda ser óbvio.

Pergunta 2
Que tal inverter o processo?

Nada pode ampliar mais a mente para uma nova abordagem do que formular uma pergunta como essa.

O fato de uma coisa ter sido feita de determinada maneira durante séculos é o provável indício de já estar madura para ser desafiada. Pensá-la pelo avesso talvez seja a melhor maneira de topar com o óbvio.

A propósito, a história de como o diretor do Departamento de Engenharia Metalúrgica da Gulf desenvolveu um "dispositivo óbvio" para lubrificar as máquinas automáticas de corte é exemplar.

Segundo a *Newsweek* de 21/01/1952, o engenheiro RJS Pigott estava observando uma dessas máquinas em ação: ela produzia fitas espiraladas e finas, cortadas de uma folha de aço que rodopiava num torno. Um jato de óleo caía do alto do torno, enquanto o fio da lâmina cortava por baixo.

Veio-lhe à mente uma pergunta: "Como o óleo pode fazer um bom trabalho de resfriamento e lubrificação se fica na parte de cima, enquanto a lâmina de corte fica na parte de baixo?".

De volta à sua prancheta, ele projetou um jato de alta pressão que direcionasse o óleo para cima, no exato ponto de encontro do fio da lâmina de corte com a folha de metal. O novo método não só possibilitou maior velocidade de corte como aumentou muito a vida útil da lâmina.

Pigott havia chegado a um método óbvio de lubrificação pelo simples fato de inverter o processo.

Se a revolucionária proposta do Convair Sea Dart – um jato capaz de decolar da água – conseguir sair do papel, o mérito caberá a quem o concebeu, o célebre desenhista industrial Ernest G. Stout, que também usou o princípio da inversão.

Conforme o que se pôde ler na edição de julho de 1953 da *Readers Digest*, apesar de suas muitas vantagens e do fato de quatro quintos da superfície do planeta serem constituídos de água – a arqui-inimiga de todos os aviões que pousam em terra –, o hidroavião tinha sido relegado ao esquecimento. Menos por alguns: Stout, um jovem ainda na faixa dos 20 anos, um grupo de oficiais da Marinha dos Estados Unidos e outro de engenheiros da Costa Oeste do país.

Stout planejou um aeroplano com propulsão a jato, capaz de decolar e pousar na água. Durante cerca de quarenta anos, o hidroavião jamais passou de um barco provido de asas – forma um tanto inadequada em termos de aerodinâmica. Stout teve uma inspiração. Em vez de projetar um barco voador, criou um avião capaz de flutuar.

Usando o princípio da inversão, desenvolveu um dos aviões mais notáveis do mundo: ele tem a forma de delta, como um aviãozinho de papel, e é praticamente impossível afundá-lo. Sua concepção aponta para uma das mudanças mais radicais em termos de estratégia militar desde a invenção da bomba atômica.

O Sea Dart é um avião óbvio.*

Pergunta 3
Quem opina vai comprar?

Muitas decisões empresariais, talvez um número excessivo delas, são tomadas em recinto fechado, em vez de em lugares onde a vida acontece. Não deveria ser assim.

Uma conhecida cadeia de lojas de alimentos de Chicago decidiu lançar na cidade um café com a sua marca. Evidentemente, era possível consultar especialistas em degustação, que indicariam a mistura e o ponto de torrefação recomendáveis. Mas o presidente da empresa decidiu que a esco-

---

*Concebido como bombardeiro e interceptador supersônico nos anos 1950, o Convair F2Y Sea Dart nunca chegou à linha de produção. Foram feitos quatro protótipos, hoje expostos em museus dos Estados Unidos. O projeto permanece, no entanto, como o único hidroavião a ultrapassar a velocidade do som. Para decolar e amerrissar, deslizava sobre um par de esquis aquáticos retráteis.

lha dessas especificações deveria ser orientada pelas famílias de Chicago.

Dito e feito. A empresa preparou duas misturas, que foram torradas em dois diferentes graus de calor. Cada amostra foi embalada em latas sem rótulo, com capacidade de 250 gramas. Distribuídas aos pares – cada par representando uma diferente combinação de mistura e ponto de torrefação –, as latas chegaram a milhares de casas de Chicago, acompanhadas de um cartão a ser preenchido pelas famílias, que indicariam sua preferência após o consumo.

Desse modo, a empresa chegou ao Royal Jewel, "o café que Chicago escolheu". O sucesso do produto estava garantido previamente, pois os próprios consumidores o haviam selecionado.

Frequentemente, basta realizar um teste simples com um grupo de pessoas ou com uma amostra do público para chegar à preferência óbvia ou à maneira óbvia de fazer ou dizer alguma coisa.

Uma vez que é do público que advém o sucesso ou o fracasso de todas as nossas ações, parece absolutamente óbvia a necessidade de checar cada projeto com um segmento da população antes de colocá-lo em prática. Depois, pode ser tarde demais.

Pergunta 4
Ainda sai coelho dessa toca?

Na sede de uma grande companhia de seguros, um sujeito ganhou 600 dólares como prêmio por uma simples ideia que depositou na Caixa de Sugestões. Era um conselho aos colegas: "Procure a coisa óbvia com a qual ninguém está se importando".

Existem milhares de ideias óbvias "para as quais ninguém liga" em todos os empreendimentos e em todas as profissões.

Em *Turn Your Imagination Into Money* ("Transforme sua imaginação em dinheiro"), um livro muito estimulante, Ray Gilles conta uma história que ilustra a afirmação de que existem grandes oportunidades no óbvio.

"Anos atrás, o vendedor de uma mercearia atendia no balcão de frios cortando queijo, daqueles redondos enormes, tipo americano. Quando alguém lhe pedia 250 gramas, ele levantava a tampa protetora de vidro e cortava um pedaço, calculando a olho e tendo de pesar o pedaço depois. Enquanto o vidro ficava levantado, o queijo era exposto à poeira e às moscas. Se as operações de venda fossem demoradas, o queijo se estragaria bem antes de acabar. A principal proteção do queijo era uma casca grossa, pela qual o cliente acabava pagando junto com o produto. Um dia, o vendedor teve uma ideia óbvia que poderia ter ocorrido a qualquer um. Por que não acondicionar as fatias do queijo em embalagens higiênicas? O nome do sujeito era JL Kraft, o inventor do queijo pasteurizado.

"Agora, sempre que comer queijo Kraft, lembre-se de que uma ideia óbvia pode render uma fortuna".

Quase tudo o que usamos no cotidiano pode ser melhorado. Por vezes de modo tão óbvio que deveríamos nos envergonhar por não perceber.

Aborrecido por ter de usar sempre dois pares de óculos – um para perto e outro para longe –, o filósofo e inventor Benjamin Franklin criou as lentes bifocais, que se tornaram uma bênção para a humanidade. Mais óbvio que isso, impossível.

De onde se conclui que, como técnica para descobrir o óbvio, deveríamos dar uma boa "olhada bifocal" em tudo o que usamos ou de que precisamos: dar um *close* para ver se algum detalhe pode ser melhorado; afastar a coisa e estudá-la de longe, para ver se não haveria um modo completamente diferente de chegar ao mesmo resultado. Algum modo mais simples, mais eficiente e também mais econômico.

Pergunta 5
O que era bom pode ficar melhor?

Frequentemente, a própria situação apresenta um problema específico ou revela alguma oportunidade de aperfeiçoamento que ainda não foi considerada.

O presidente da Pullman Car, David A. Crawford, disse-me há anos ter percebido que os vagões da empresa precisariam ser mais privativos do que os beliches dos tradicionais vagões-dormitórios e, ao mesmo tempo, mais lucrativos para as ferrovias do que os vagões-leitos, que tinham capacidade para poucos passageiros. Colocou o problema para os projetistas, e eles criaram as cabines-leitos a partir de um conceito absolutamente novo de conforto em viagens de trem.

É a isso que se pode chamar de obviedade criativa, cujo fundamento é a percepção de uma situação insatisfatória.

Há outros casos semelhantes: os irmãos Hartford, com sua ideia de fazer lojas do tipo pegue-e-pague; a Woolworth, com seu original conceito de só vender produtos dentro de um limite de preços; os postos de gasolina, que passaram a oferecer banheiros limpíssimos para motoristas e caminhoneiros; a invenção da caneta esferográfica, que acabou com o problema dos borrões das canetas-tinteiros; a DuPont, com suas fibras sintéticas para fazer tecidos que não amarrotam.

Todos são casos de óbvio criativo. E todos atenderam a necessidades do público – demandas ocultas, que costumam passar despercebidas. Entretanto, a partir do minuto exato em que foram atendidas, ficou óbvio que eram latentes há muito tempo.

O mundo está cheio de necessidades não expressas e despercebidas, à espera das pessoas capazes de recorrer ao óbvio para resolver os problemas aparentemente insolúveis do cotidiano. Tome nota: elas serão regiamente recompensadas!

Sobre o autor

"Bob Updegraff (como era conhecido por seu público da revista *Reader's Digest*) foi um dos meus tipos inesquecíveis. Garoto pobre, não chegou à universidade. Mas, antes dos 30, unindo inteligência brilhante, prodigiosa capacidade de leitura e curiosidade insaciável, já assinava artigos para a *Forbes*, a *Barron's* e várias outras grandes publicações especializadas em negócios", escreveu o historiador norte-americano Hubert Horan.

Isso parece o início da história de *Óbvio Adams,* o primeiro livro publicado pelo autor. Alto executivo durante mais de três décadas, Robert R. Updegraff (1889-1977) dirigiu a rede de lojas WT Grant; a cadeia de supermercados Jewels Company, o Scarsdale National Bank. Atuou ainda como consultor empresarial de grandes companhias, entre elas a General Foods, a Kellog, a Lever Brothers e a Westinghouse.

Duas coisas ele fazia como *hobby*, por puro prazer: atuar em projetos comunitários e escrever. "Durante as férias, em feriados e fins de semana, sempre vi meu pai com seu bloco de anotações e vários lápis bem apontados, rascunhando o próximo artigo ou o próximo livro", conta seu filho Norman Updegraff.

Embora escrevesse por divertimento, às vezes anonimamente ou sob pseudônimos – David Dunn, o mais conhecido deles, ainda presente no mercado com o livro *Try Giving Yourself Away* –, quase tudo o que produziu foi publicado. *Captains in Conflict, Yours to Venture* e *All the Time You Need* estão entre suas obras mais conhecidas. Ao completar 70 anos, Updegraff deixou, por princípio, a função no Conselho de Administração de várias companhias em que atuava, fundando a editora The Updegraff Press para ocupar seu tempo de aposentado. Mas, por insistência de seus clientes, continuou fazendo consultoria por mais uma década. Sem poder se dedicar à editora, continuou a escrever artigos e a rascunhar livros até os 88 anos.

Direção editorial
MIRIAN PAGLIA COSTA

Revisão
BRUNO SILVA D'ABRUZZO

Capa e Projeto gráfico
MARE MAGNUM

Editoração eletrônica
LUMIAR DESIGN

Impressão e acabamento
ASSAHI

Impresso no Brasil
Printed in Brazil

Formato: 10x16cm
Mancha: 7 x 12,7cm
Tipologia: Times New Roman
Papel: (capa) Cartão Supremo 250 g/m^2
(miolo) Pólen 80 g/m^2
Páginas: 96